CONGRÈS DES SOCIÉTÉS SAVANTES DE PROVENCE

1906

OPPÈDE AU MOYEN-AGE

et ses Institutions

PAR

Lucien GAP

INSTITUTEUR PUBLIC A OPPÈDE

Membre de l'Académie de Vaucluse et d'autres Sociétés savantes.

VALENCE

IMPRIMERIE VALENTINOISE, PLACE SAINT-JEAN

1907

OPPÈDE AU MOYEN=AGE

ET SES INSTITUTIONS

CONGRÈS DES SOCIÉTÉS SAVANTES DE PROVENCE

1906

OPPÈDE AU MOYEN-AGE
et ses Institutions

PAR

Lucien GAP

INSTITUTEUR PUBLIC A OPPÈDE

Membre de l'Académie de Vaucluse et d'autres Sociétés savantes.

VALENCE

IMPRIMERIE VALENTINOISE, PLACE SAINT-JEAN

—

1907

OPPÈDE AU MOYEN=AGE

et ses Institutions

I. — Sources.

Imprimés. — *Dictionnaire historique, biographique et bibliographique du département de Vaucluse,* par le docteur Barjavel (Carpentras, 1841-42, 2 vol. gr. in-8°).

Istoria dellà citta d'Avignone e del Comtado Venesino, par Sébastien Fantoni-Castrucci (Venise, 1878, 2 vol. in-4°).

Mémoire pour le Procureur général au Parlement de Provence servant à établir la souveraineté du Roi sur la ville d'Avignon et le Comté Venaissin [par J.-P. François de Ripert de Monclar] (1769, 2 vol. in-8°).

Correspondance administrative d'Alfonse de Poitiers, publiée par Auguste Molinier (Paris, 1894-1900, 2 vol. in-4°).

Notes historiques concernant les Recteurs du cy-devant Comté-Venaissin, par Charles Cottier (Carpentras, 1806, in-8° de 440 pages).

Oppède et ses environs, par Antonin Rousset (Avignon, 1901, gr. in-8° de 74 pages).

Les Gascons en Italie, études historiques, par Paul Durrieu : pages 107-171. Bernardon de la Salle (Auch, 1885, 1 vol. gr. in-8 de III-279 pages).

Saint Louis et Alphonse de Poitiers, par Edgard Boutaric (Paris, 1870, 1 vol. gr. in-8° de 552 pages).

La France et le grand Schisme d'Occident, par Noël Valois (Paris, 1896-1901, 4 vol. gr. in-8°).

Histoire générale du Languedoc, par dom Cl. Vaissette et dom de Vic, édit. Privas (Toulouse, 1866-1905, 16 vol. in-4°).

Dictionnaire géographique, historique et politique des Gaules et de la France, par Expilly (Paris, 1763-70, 6 vol. in-folio).

Manuscrits. — *Histoire ecclésiastique, civile et politique d'Avignon et du Comté-Venaissin,* par Joseph Fornéry (Bibl. d'Avignon et de Carpentras).

Polyptyque du Venaissin au Livre rouge du comte de Toulouse (Bibl. de Carpentras).

Repertorium camerale (Bibl. de Carpentras).

Recueil de pièces extraites de la tour du Trésor et archives de Provence (Bibl. d'Avignon, mst. 2807).

Recueil de Massillian, diocèse de Cavaillon (Bibl. d'Avignon, mst. 2385).

Recueil d'Esprit Requiem (Bibl. d'Avignon, mst. 2879).

Pièces d'archives. — Archives départementales de Vaucluse, série B.

Archives communales d'Oppède, séries AA 1, 2 ; DD 2 ; FF 1 ; GG 24, 28.

Archives hospitalières d'Oppède.

Archives communales de Cavaillon, série DD.

Archives communales de Châteauneuf-Calcernier, série AA.

II. — Oppède du XIe au XIVe siècle.

Oppède, commune de 1.076 habitants, canton de Bonnieux, arrondissement d'Apt, département de Vaucluse, ayant joué un rôle assez marquant au moyen âge, nous avons jugé utile de faire connaître, dans ce *Mémoire*, l'histoire de cette localité pendant cette période.

La première mention que nous ayons du nom d'Oppède se trouve dans une charte du Cartulaire de l'abbaye de Saint-Victor de Marseille [1] de l'an 1044, par laquelle Bertrand, comte de Forcalquier, fait une donation à cette abbaye. Dans cette charte, Wanthelme d'Oppède paraît comme témoin. Ce Wanthelme devait être un personnage important, puisqu'il figure dans cet acte avec d'autres personnes de distinction.

Un siècle et demi plus tard, en 1182, Imbert d'Agoult et Bérenger Raimond son frère, Guillaume Bermond et Bertrand son frère, font hommage de leurs fiefs à Guillaume, comte de Forcalquier, et parmi ces fiefs figure celui d'Oppède qui faisait alors partie du comté de Forcalquier.

Ce fut sans doute en vertu de la convention conclue en 1195 entre les comtes de Toulouse et de Forcalquier [2] qu'Oppède cessa de faire partie du comté de Forcalquier pour être du marquisat de Provence appartenant au comte de Toulouse.. Nous savons qu'en 1209 cette localité, munie d'un château-fort, était un des domaines directs de Raimond VI qui, à cette date, le céda à l'Eglise romaine, avec quelques autres châteaux, en garantie de sa promesse de combattre l'hérésie albigeoise. La

---

[1] Tome II, page 3. Cette charte est aussi insérée dans le tome V de l'*Histoire générale du Languedoc,* édition Privat.

[2] *Mémoire pour le Procureur général,* etc., tome I, *pièces justificatives,* page 15.

garde du château d'Oppède fut alors confiée aux moines de Montmajour.

On sait que, par le traité de Paris de 1229, Raimond VII, fils de Raimond VI, dut céder au Saint-Siège le marquisat de Provence ou plutôt le Comté-Venaissin. C'est, contraint par la force, que Raimond VII avait fait cette cession, c'est par la force qu'il résolut de se remettre en possession de ce qu'il avait cédé à la Papauté. Mais avant, et pour donner une apparence de légalité à l'acte qu'il allait commettre, il se fit délivrer par l'empereur d'Allemagne Frédéric II deux bulles, toutes deux de 1235 : par l'une, l'Empereur lui donnait l'investiture du marquisat de Provence et, par l'autre, il commandait aux seigneurs du marquisat d'obéir au comte de Toulouse leur suzerain.

C'est alors que Barral des Baux et Taurellus de Strata entrèrent en campagne, s'emparèrent de plusieurs places fortifiées, entre autres de celle d'Oppède (dont l'évêque de Cavaillon avait alors la garde), sur l'église de laquelle le légat du Pape jeta l'interdit, ce qui n'empêcha pas les généraux de Raimond VII de faire rapidement la conquête de tout le marquisat.

Que se passa-t-il ensuite? Quelques historiens prétendent, mais sans citer aucune pièce diplomatique à l'appui, que le Pape rendit le marquisat au comte de Toulouse en 1243 ; d'autres pensent que le Pape, ne pouvant empêcher efficacement le Comte de récupérer le marquisat, ferma les yeux, en attendant une occasion propice de s'en rendre définitivement le maître.

Raimond VII jouissait paisiblement du marquisat de Provence, lorsque le 2 des ides de février (12 février) 1245, par acte reçu par Hugues Frankenlenii, notaire public à L'Isle [1], il ac-

---

[1] Cartulaire d'Oppède, n° 8; Nous appelons ainsi le gros registre AA 1 des archives communales d'Oppède que l'on forma vers 1860 par la réunion de 69 pièces, dont 68 sur parchemin, et que l'on munit d'une solide reliure. Nous désignerons ce registre par la mention Cart. d'Oppède.

corda aux habitants d'Oppède l'exemption du péage de la Tour de Sabran [1]. Deux ans après, il confirma aux mêmes habitants, le vii des ides d'octobre (9 octobre) 1248, l'acte par lequel Aimeric de Clermont, son sénéchal du Venaissin, leur avait accordé, le 6 des ides de septembre (8 septembre) 1246, les mêmes privilèges et affranchissements que le comte de Toulouse avait accordés aux habitants de L'Isle en 1237. Par cet acte, les habitants d'Oppède étaient déchargés de tout payement de la leyde non-seulement dans leur village et territoire, mais encore dans toutes les terres de la domination du Comte, et de tous péages, questes, collectes et albergues. Le Comte se réservait seulement les chevauchées et la juridiction qu'il avait dans ce village. Mais ces privilèges ne furent pas admis par les Officiers de la Chambre apostolique du Comté Venaissin, et les habitants d'Oppède ne purent en jouir [2].

Raimond VII mourut le 27 septembre 1249, laissant ses États à sa fille Jeanne qui avait épousé, en 1237, Alfonse de Poitiers, frère de saint Louis. Alfonse, déjà comte de Poitou, devint alors comte de Toulouse et marquis de Provence.

Devenu possesseur de provinces étendues, Alfonse de Poitiers fit faire le relevé des droits et possessions qu'il avait dans chacune des provinces soumises à sa domination. Le polyptyque du Venaissin fut fait en 1253 ; il se trouve à Paris aux Archives nationales et à Carpentras à la Bibliothèque communale. On y constate qu'à Oppède le Comte possédait la juridiction, le château, le four, le droit de moudre son blé au moulin des Herritants (moulin des Augustins de Sénanque), en payant une poignée de blé pour chaque charge, et de nombreuses pro-

---

[1] Cette exemption fut confirmée aux habitants d'Oppède par un décret du vice-légat en date du 19 août 1724 (Arch. comm. d'Oppède, AA2, folio 1).

[2] Bibl. d'Avignon, collect. Massillian, mss. 2385, folio 136 ; Fornéry, tome I", mst. 2770, pages 327-328 de la même bibliothèque.

priétés tenues par une soixantaine de censetaires; une quaran-
taine de personnes y possédaient des biens francs de censes,
entre autres nobles Raymond de Aurafrigida, Gantelme Botin,
Guillaume de la Roche, Alfant Boniface, Bertrand de Trésémines.

Outre les censes qu'ils payaient pour les maisons qu'ils occu-
paient et les terres qu'ils cultivaient, les hommes d'Oppède
devaient encore chaque année un jour, à la Noël, pour couper
le bois et l'apporter à la maison du Comte; ceux qui n'avaient
pas de bête de somme n'étaient tenus qu'à travailler un jour à
couper le bois. Ils devaient, en outre, une journée de travail en
carême pour la façon des vignes, une autre journée pour la ré-
colte du foin, une autre au temps de la moisson, une autre au
temps des vendanges, une autre enfin au temps des semailles.
Les chevaliers et les feudataires du Comte étaient seuls exemptés de ces six journées de travail. Les droits et possessions du
Comte lui rapportaient annuellement 3o livres tournois et la
juridiction 20 livres tournois, au total 5o livres tournois.

A la mort d'Alfonse (21 août 1271), suivie, trois jours après,
de celle de son épouse, tous les États du Comte de Poitiers et de
Toulouse passèrent à Philippe le Hardi, roi de France, son
neveu. Le Pape réclama alors le Comté-Venaissin, mais le roi
de France fit la sourde oreille. Enfin, au commencement de
1274, le Venaissin fut remis au pape Grégoire X par Philippe
le Hardi, et les habitants d'Oppède, réunis au nombre de 209 [1]
dans l'église paroissiale dédiée à Notre-Dame, prêtèrent serment de fidélité à leur nouveau souverain le 11 des calendes de

---

[1] Parmi ces 209 personnes figurent noble Alfant Boniface, chevalier ;
Rostaing de Saumane, bayle d'Oppède ; Bertrand de Trésémines, Raimond
de Aurafrigida, Raymond de la Roque, chevalier ; Bertrand de Aurisila,
chevalier ; Bertrand Raymond, damoiseau ; Jean Tribolati, châtelain
d'Oppède.

février (22 janvier) de la même année. Dans la même séance,
Rolland de Ménerbes, Alfant de Ménerbes et Bertrand de Ménerbes firent aussi hommage et prêtèrent serment de fidélité
pour tout ce qu'ils tenaient et possédaient à Oppède [1].

Oppède formait alors un des neuf bailliages du Venaissin.
Par acte du 5 des ides de février (9 février) de la même année
(1274), la garde du château fut confiée par le Saint-Siège à deux
chevaliers de Saint-Jean-de-Jérusalem, frère Augier (ou Eugène)
avec frère Foulques Rostaing pour compagnon [2].

La même année, le jour des nones d'avril (5 avril), noble
Raymond de Maulsang, vicaire-général du Comtat, arbitre
choisi par le parlement de Ménerbes et celui d'Oppède, fit une
délimitation entre ces deux communes. Les seigneurs et d'autres
habitants de Ménerbes, ainsi que quelques habitants d'Oppède,
furent présents à cette opération. L'acte fut reçu par Hugues
Frankenlenii, notaire à L'Isle [3]. Cette délimitation fut confirmée le 23 mars 1763 [4].

Le 4 septembre 1281, Raymond Alquiéry, chevalier, et Bertrand Vitalis, marchand, procureurs de la ville de Cavaillon, et
Alfant Boniface, chevalier, et Pons Raymond, procureurs de la
communauté d'Oppède, donnèrent pouvoir à Raymond Maulsang, chevalier, Guillaume Olive, chevalier de Saint-Jean-de-
Jérusalem, et Guillaume Aicard pour terminer les différends
entre ces deux communautés au sujet de leurs limites dans le
Luberon [5].

Huit ans après, le 4 des nones de décembre (2 décembre)

---

[1] *Mémoire pour le Procureur général*, etc. tome I, *pièces justificatives*,
page LXXX.
[2] *Ibid.*, page CX.
[3] Cart. d'Oppède, n° 1, et DD 2.
[4] Arch. communales d'Oppède, DD 2.
[5] Arch. communales de Cavaillon, DD 1 n° 3.

1289, le parlement général d'Oppède, réuni au portail de la place au nombre de 121 personnes, sous la présidence de Guillaume de Réginal, docteur ès-lois, juge du Comté Venaissin, en présence de noble Giraud de Libra, vice-gérent du Comtat, nomma noble Raymond de la Roque, chevalier, et Raymond Uffred d'Oppède, syndics ou procureurs, à l'effet de traiter avec l'évêque de Cavaillon au sujet de la dîme. L'acte fut reçu par Guillaume Rodulphe, notaire du Venaissin [1].

Le 16 février 1302, Guy de Montealcino, sénéchal du Comté Venaissin, assisté de deux (et non douze) notables d'Oppède, Raymond de la Roque, chevalier, et Guigues Garnier, fit un règlement pour l'usage de la montagne d'Oppède, ensuite du partage fait en 1281 de la montagne du Luberon, dont ces deux communes avaient jusqu'à ce jour joui par indivis. Voici en substance ce que porte ce règlement : défense de faire des défrichements ou rompues dans la montagne d'Oppède ; ceux qui en feront n'auront pas le droit d'en défendre l'entrée au bétail et il ne leur sera dû aucune indemnité si leurs récoltes sont mangées. Défense d'y couper du bois et d'y faire du charbon dans le but de les vendre, donner ou échanger hors du lieu. Défense d'y faire des cendres appelées clavelades et d'y cueillir des écorces. Tout habitant pourra construire une ramade (abri fait avec des branches et des feuilles) pour son troupeau et en jouir pendant trois ans complets sans que personne puisse l'empêcher. Les pasteurs de la montagne pourront couper des arbres pour leur usage et pour leurs chevreaux et agneaux qui, à cause de leur faiblesse, ne peuvent suivre le troupeau. Tout habitant d'Oppède pourra, pour son usage ou pour décoration de son habitation, couper du bois et cueillir des rameaux. Toute contravention aux dispositions qui précèdent sera punie d'une

---

[1] Cart. d'Oppède. n° 2.

amende de 20 sols au profit de la cour que le Pape tient à Oppède. Le parlement qui nomma les deux syndics fut composé de 143 personnes, non compris les deux syndics. L'acte fut reçu par le notaire Raymond Ripert [1].

Par sentence du 3 décembre 1314, Pierre Raynardi, jurisconsulte, procureur et avocat de la cour du Venaissin, commissaire délégué par noble Bertrand Augier, juge majeur du Comtat, reconnut le terme posé au lieu appelé la Fourche-du-Puy-Méjean comme séparant, sur le Luberon, les territoires d'Oppède et de Maubec. L'acte passé à Pernes, dans la maison du Juge, fut reçu par Guillaume Faraudi, notaire du Venaissin [2]. D'autres actes judiciaires eurent lieu les 1er, 4, 8, 9 et 15 avril 1315 sur le même sujet [3].

Par jugement du 2 mai 1324, Bertrand Nocendi, vice-juge majeur du Comtat (en absence d'Etienne de Videlhac, juge majeur et vice-recteur), tenant ses assises à Oppède, prononça l'acquittement de Raymond Bollègue, Alexandre Catalan et Bertrand de Trésémines, poursuivis pour avoir chassé sur le territoire d'Oppède avec des chiens, des furets et des filets et avoir pris deux lapins, contravention que les statuts du lieu punissaient d'une amende de cent sols. Cet acquittement fut prononcé sur ce que le lieu où le délit avait été commis était limitrophe du territoire de Ménerbes où la chasse au lapin était permise. Le vice-juge majeur fut assisté dans ce jugement par Arnaud de Trians, seigneur de Talard, Châteauneuf et Montmiral, maréchal de N. S. P le Pape et procureur et avocat de la cour du Venaissin, Pierre Raynardi, jurisconsulte, viguier de la cour papale de Bonnieux, et noble Raymond de Suxiis, damoiseau, bayle et châtelain de la cour papale d'Oppède. L'acte

---

[1] Cart. d'Oppède, n° 3.
[2] Ibid., n° 4.
[3] Arch. communales d'Oppède, FF 1, fol. 31 à 40.

fut passé « in hospicio domini nostri pape infra fortalicium » par Jacques de Motha, notaire papal dans le Comtat. Furent témoins Guillaume Bermond, seigneur en partie de Maubec, Bertrand de Ginhac, Alfant Botin, damoiseau, Jacques Framaud, Jacques Hugon, Raymond de Flano, Pierre de Flano, Alfant Vassol, Raybaud Uffred et plusieurs autres [1].

Le 8 mai 1328, Etienne de Videlhac, juge majeur et vice-recteur du comté Venaissin, en présence d'Arnaud de Saint-Privat « vice-bajuli et castellani de Oppeda » prononça une sentence arbitrale au sujet de l'échange d'une partie des patis communaux contre des prés appartenant à Pierre Raynardi, pour le passage de l'eau des moulins que celui-ci voulait construire à Oppède, en société avec Bertrand de Ginhac, damoiseau. L'acte fut reçu par Guillaume Ripert, notaire [2].

Le 27 septembre 1332, le parlement d'Oppède, réuni « in platea de ulmo » sous la présidence de Guillaume Delienaris, châtelain et bayle, adopta des statuts de police dont voici la substance : les loyers des maisons, qu'il est d'usage de régler à la Saint-Michel, le seront désormais à la mi-août, afin que l'on n'endommage pas les habitations par l'entrée et la sortie des blés qui, à Oppède, sont toujours dans le grenier à la Saint-Michel. La commune fera recueillir par ses délégués les tuiles et les autres redevances qui lui sont dues pour être distribuées aux nécessiteux de la localité et remises aux autres au taux de l'expertise qui en sera faite. On ne pourra mener paître les brebis ni dans les vignes ni dans les vergers d'arbres fruitiers. On ne pourra déposer du fumier, du bois ni d'autres embarras dans la traverse de la grande fontaine des prés, ni dans d'autres endroits déterminés. Les statuts devront être observés à partir de

---

[1] Cart. d'Oppède, n° 5.
[2] Ibid., n° 6.

la prochaine fête de la Saint-Michel. L'acte fut passé à Oppède
« in platea de ulmo » par le notaire Guillaume Ripert [1].

Le 11 avril 1339, le parlement général d'Oppède, réuni « in
platea dicti castri subtus ulmum » en présence de Guillaume
de Viainesio, bayle, et de Marc de Calma, clavaire, édicta de
nouveaux statuts de police complémentaires des précédents et
dont voici la substance : on ne chassera pas aux lapins sur le
territoire de la commune pendant un an à partir de la Saint-
André. Personne ne pourra, pendant ce temps, tenir à Oppède
des furets, des chiens braques (entrants), des belettes, etc. Personne ne pourra, pendant le même temps, chasser les lièvres
aux filets. Ceux qui voudront chasser les lièvres sans filets
pourront le faire depuis le col de la Langue-de-l'âne jusqu'au
col du Deffens, mais personne ne pourra les chasser dans la
plaine, après la Saint-Michel. A partir de la même époque, il
sera défendu de tendre des lacs dans les clapiers ou dans les
vignes ou sur le passage du gibier. Défense de mener paître
ou de vautrer les porcs dans les boues de la Riaille. On fera ce
qui a été ordonné par l'Eglise. — A ce parlement assistèrent
entre autres Geoffroi de la Roque, Guillaume de Ginhac, Gantelme Botin, damoiseau, Raylaud Uffred, Pierre de Flano et
Rostaing de Sabran, seigneur de la Tour de Sabran. L'acte
fut reçu par Pierre Canochi, notaire de L'Isle, et eut pour
témoins Jacques Giraud, vicaire de l'église d'Oppède, Raymond Bollègue, du Thor, et plusieurs autres. Dans cet acte se
trouve inséré tout au long celui du 2 des ides de février 1245,
dont nous avons déjà parlé [2].

Le 2 juillet 1340, le parlement d'Oppède accorda à Guillaume
Corrégati la permission de couper du bois à la montagne et
dans les autres possessions communales pour les besoins de

---

[1] Cart. d'Oppède. n° 7.
[2] Ibid., n° 8.

la tuilerie que le dit Corrégati se proposait d'établir près de Saint-Jean, au territoire d'Oppède, sous l'obligation de fournir, moyennant 5 sols, 500 bonnes tuiles à la commune par fournée. Cet acte fut reçu par le notaire Jean Edin [1].

En 1359, une procédure fut dirigée contre les habitants d'Oppède par Jean du Grès et Astruc et Philili Caussin, frères, juifs et rentiers des revenus fiscaux de la Chambre apostolique, dans la Valmasque, à l'effet de les faire condamner à acquitter les droits de corvée, tenue et gerbage, pendant les douze dernières années. Les habitants d'Oppède se disaient francs de ces droits et produisirent à l'appui de leur prétention un acte du 9 février de l'an de l'Incarnation 1356, reçu par Bertrand Guillaume, notaire à Oppède. Le juge majeur, Laugier du Val, concluait en faveur des fermiers ; mais le recteur, Guillaume de Rossilhac, considérant que ceux-ci n'avaient nullement prouvé leur droit, décida que les habitants seraient maintenus dans la franchise par eux prétendue jusqu'à ce que des preuves plus concluantes eussent été produites devant la cour majeure. L'acte fut passé à Carpentras, le 7 septembre 1359, par Elzéar Bramebataille, secrétaire de la cour majeure, en présence de Laugier du Val, Guillaume Mille, juge des causes majeures du Comtat, Étienne Paucum et Jacques Ludi, de Pernes [2].

Le 29 décembre de l'année suivante (1360), par acte reçu à Oppède sur la place publique, par Bertrand Guillaume, notaire de cette localité, frère Jean-Ferdinand de Hérédia, de l'ordre de Saint-Jean de Jérusalem, châtelain d'Emposte, en Espagne, et capitaine général du Comté-Venaissin pour l'Église romaine, accorda, à la communauté d'Oppède, une charte de privilèges portant entre autres : défense aux étrangers de venir garder

---

[1] Cartul. d'Oppède, n° 9.
[2] Ibid., n° 10.

leurs bestiaux dans le territoire d'Oppède ; ordre de murer le portail de Valette et de mettre derrière six hommes de garde en temps de guerre ; permission aux habitants d'Oppède de chasser toutes sortes de gibier dans leurs propriétés ainsi que dans les domaines du Pape, et défense aux étrangers d'y venir chasser sans la permission de la cour ; injonction aux gens d'Église et aux nobles de contribuer, tout comme les autres habitants d'Oppède, à la garde du lieu ; pouvoir aux hommes d'Oppède de garder les clefs des portes du lieu. Cet acte, qui est inséré tout au long dans un autre acte du 15 août 1531 [1], eut pour témoin Bertrand Bodàud, damoiseau de Ménerbes, frère Guillaume de Lauris, chevalier de Saint-Jean de Jérusalem, précepteur de Roussillon, Raimond Eutrope, de Roussillon, Pierre Guison de Robion, et Jean Botin.

Le 18 août 1364, la communauté, réunie en parlement général, sous la présidence de noble Alfant Daurel, châtelain du lieu, transigea avec Gaucelin Botin, Bertrand Barbe et consorts, au sujet du curage du fossé dans lequel passait l'eau de la grande fontaine des prairies. Il fut convenu : 1° Que toutes les fois qu'il serait nécessaire d'opérer le curage de ce fossé, les déblais seraient jetés sur les fonds riverains, mais de manière à leur causer le moindre dommage possible ; 2° Que ce curage ne pourrait être fait depuis le premier jour de Carême jusqu'à la fête de la Nativité de Saint-Jean-Baptiste ; 3° Que les riverains ne pourraient mettre obstacle à l'écoulement des eaux en faisant dans ce fossé des barrages en pierres ; 4° Qu'ils pourraient les détourner pour l'arrosage de leurs prairies ; 5° Que tout propriétaire pourrait faire abattre les barrages qui lui seraient nuisibles, lorsqu'il voudrait prendre de l'eau

---

[1] Cart. d'Oppède, n° 53, 2° feuille, et FF L. fol. 40-43.

pour ses besoins ou pour l'arrosage de ses fonds. L'acte fut reçu par Bertrand Guillaume, notaire à Oppède [1].

Le 21 mars 1370, une enquête fut faite par Pons Jean, jurisconsulte, juge et viguier de L'Isle, assisté de Bertrand Guillaume, vice-châtelain d'Oppède, ensuite de l'incarcération à Oppède de Guillaume Martin, de Maubec, habitant de Lagnes, et Isnard Garnier, de Saint-Christophe, bergers qui avaient mené paître les brebis du Chapitre de Saint-Didier d'Avignon sur le territoire d'Oppède. Il résulte de cette enquête que le Chapitre de Saint-Didier, comme seigneur de Maubec, ne possédait aucun pâturage à Oppède et qu'il n'avait pas le droit d'y envoyer paître ses bestiaux. Défense fut faite, en conséquence, à ce Chapitre, de faire, à l'avenir, pâturer ses bestiaux dans le territoire d'Oppède. Cet acte fut reçu par le notaire Pierre Pranconi [2].

Le 28 août 1374, Pons Barthélemy et noble Bertrand Barbe, dit Michoni, donnèrent quittance du prix des terrains qu'ils avaient vendus à la communauté au quartier de Frigolet pour l'élargissement du chemin public. L'acte fut reçu par Bertrand Guillaume, notaire à Oppède [3].

III. — Troubles du Schisme d'Occident et XVᵉ siècle.

Le village d'Oppède fut mêlé aux troubles qui marquent la fin du XIVᵉ siècle et le commencement du XVᵉ dans le Comtat.

Il fut donné en fief au célèbre routier, Bernard de la Salle, natif non d'Agnani, comme le dit Barjavel [4], mais bien du

---

[1] Cart. d'Oppède, nᵒ 11.

[2] Ibid., nᵒ 12 ; et FF, 1, fol. 44-50.

[3] Ibid., nᵒ 13.

[4] Dictionnaire, t. II, p. 390, art. SALLE (Bernard de la).

diocèse d'Agen, comme l'a prouvé M. Paul Durrieu, d'après un document des archives du Vatican.

A quelle époque ? Nous n'en savons rien, mais probablement à la fin de 1378, ou au commencement de 1379 [1]. Cette inféodation n'a été connue ni par M. Paul Durrieu, ni par M. Noël Valois ; seul, M. Labande en a eu connaissance et a préparé sur Bernard de la Salle un travail important qu'il a présenté à l'Académie des Inscriptions et Belles-Lettres et qui paraîtra probablement bientôt, il faut l'espérer, dans les Mémoires de ce corps savant.

Bernard de la Salle, absorbé par la guerre contre les ennemis de Clément VII, ne pouvait s'occuper lui-même de ses nombreuses seigneuries. Par acte passé à Fondi, le 11 février 1379, par Pierre Gailhard, notaire d'Aix, il nomma pour son vicaire et procureur général Guillaume de Cornac, archidiacre d'Aix, auquel il donna pleins pouvoirs pour le représenter dans ses diverses seigneuries et faire tout ce qu'un seigneur peut faire. Cet acte très intéressant est inséré tout au long dans un autre acte du 9 mars 1383, dont nous parlerons bientôt.

Nous ne raconterons pas par le menu la vie de Bernard de la Salle depuis sa prise de possession de la seigneurie d'Oppède, jusqu'à sa mort dans les Alpes dauphinoises, avant le 28 mai 1391, lors de la défaite de sa troupe de 500 lances par Jean III, comte d'Armagnac ; cela nous entraînerait trop loin. Il nous suffira de dire que ce capitaine gascon avait de nouveau changé de conduite et emmenait sa troupe au service de Jean Galéas Visconti, duc de Milan, lorsqu'il périt. Nous renverrons donc ceux qui voudraient connaître les actions de Bernard de la Salle, étrangères à Oppède, aux ouvrages de MM. Paul Durrieu et Noël Valois, auxquels nous avons fait

---

[1] M. Labande pense que cette inféodation eut lieu en 1381.

de nombreux emprunts, nous bornant à faire connaître ici les documents relatifs à Oppède dans lesquels il paraît comme seigneur.

Le 27 février 1383, par acte reçu par Hugues Barbier, notaire de Ménerbes, le Parlement général d'Oppède réuni « in aula Marqueti de Flano » par devant Mathieu d'Abelhard, châtelain et bayle d'Oppède pour haut et puissant seigneur messire Bernard de la Salle, seigneur du dit lieu, nomma pour procureurs Marquet de Flano, Bertrand de Valréas, Pierre Plumel, Pierre Guillaume et Jacques Garnier, Isnard de Florencii, Raymond Uffred, Rostaing Framaud, Jean Etienne, Jacques Catalan, Pierre Vassol et Etienne Chabaud pour poursuivre, devant toutes cours laïques et ecclésiastiques, une décision sur la contestation qui s'était élevée entre la commune et les nobles qui y résidaient au sujet du refus que faisaient ceux-ci de concourir à la garde du lieu [1]. Dans cet acte se trouvent les pouvoirs de capitaine, châtelain, bayle et clavaire d'Oppède donnés à Avignon le 14 décembre 1382, par Guillaume de Cornac, vicaire et procureur général de Bernard de la Salle, à Mathieu d'Abelhard. Furent témoins de l'acte, Antoine Monier, de Robion ; Pierre Reynaud, savetier, de Maubec ; Jean Audoyn, de Sisteron ; Raimond Raynier, de Courthezon ; et Jean Andras, de Robion.

Par acte du 9 mars 1383, reçu par Hugues Barbier, notaire de Ménerbes et passé à Oppède « in curte fortalicii prefati magnifici domini Bernardi de La Salla », Guillaume de Cornac, lieutenant et procureur général de Bernard de la Salle, seigneur d'Oppède, assisté par Bertrand de Falgairat, châtelain de Pont-de-Sorgues, rendit une sentence par laquelle il condamnait les nobles, domiciliés à Oppède, à concourir,

---

[1] Cart. d'Oppède, n° 15.

comme les anciens et les autres habitants, à la garde des portes, murs et brèches du dit Oppède. Les témoins de l'acte furent noble Mathieu d'Abelhard, châtelain et bayle d'Oppède, noble Alfant Daurel, Aicard Guigon, Pierre Nogayrol et plusieurs autres habitants du lieu. Au bas de cet acte, se trouvent insérés *in-extenso*, comme nous l'avons dit, les pouvoirs conférés à Guillaume de Cornac par Bernard de la Salle [1].

D'après Barjavel [2], Bernard de la Salle accompagna la reine Marie de Blois à Apt en 1386 ; il est probable qu'il dut profiter de ce voyage pour venir à Oppède se montrer à ses vassaux et connaître cette localité.

Par délibération du 21 janvier 1390, le Parlement général d'Oppède, réuni dans le ravelin de Sainte-Cécile, vendit le quarantain de tous les grains et fruits à récolter et des gains à réaliser pendant un an dans le lieu d'Oppède, à Henri Agar, fustier, habitant d'Avignon, moyennant 140 florins d'or de 24 sols pièce dont 50 payables à la fête de la chandeleur, 45 le premier jour de Carême et 45 le jour de Pâques. Il est à remarquer que cet acte reçu par Hugues Barbier, notaire de Ménerbes, qui est le premier de ce genre se trouvant dans le Cartulaire d'Oppède, soumet au quarantain les gains et salaires réalisés par les cabaretiers, les hôteliers, les logeurs, les charretiers, les vendeurs de volaille et de gibier, les fabricants, les tailleurs, les cordonniers, les possesseurs de censes et services, de lods et trezains, etc. Furent seuls exemptés du quarantain le seigneur d'Oppède, le vicaire perpétuel du lieu, et Guy de Pestel, coseigneur de Maubec, pour ce qu'il possédait à Oppède [3]. Cette décision nous prouve que l'impôt sur le revenu, dont il est

---

[1] Cart. d'Oppède, n° 16.
[2] *Dictionnaire* cité, t. II, p. 390, art. SALLE (Bernard de la).
[3] Cart. d'Oppède, n° 17.

tant question de nos jours, était appliqué à Oppède plus de cinq siècles avant nous.

Bernard de la Salle étant mort vers le 28 mai 1391, comme nous l'avons vu, le Saint-Siège reprit possession d'Oppède qui ne devait plus être inféodé jusqu'en 1501.

Peu de temps après la mort de Bernard de la Salle, le village d'Oppède fut pris par les troupes du vicomte Raymond de Turenne. On sait que ce personnage, qui avait à se plaindre du Pape, lui fit une guerre implacable et sema ruines sur ruines dans le Comtat-Venaissin. Voici comment M. Noël Valois [1], citant une bulle pontificale du 15 décembre 1393, parle des actes de ce vicomte :

« Fréquemment, le sang coulait, comme à la prise de Vaison qui fut l'œuvre de Raymond lui-même. Visan, Pierrelatte, Robion, Ménerbes, autres châteaux du Comtat, dont les gens de Raymond tentèrent de s'emparer, ne lui échappèrent que grâce à la vigilance de leurs gardiens. Les châteaux d'Oppède et de Beaumes tombèrent en son pouvoir : tous les habitants, hommes et femmes, furent emmenés prisonniers. De nombreuses habitations devinrent la proie des flammes ».

Raymond ne fit aucun cas de la bulle d'excommunication lancée contre lui et continua ses méfaits. Nous savons que ses troupes s'emparèrent encore, entre autres, de Lafare, dans le Comtat, et de Villars, près d'Apt.

Y a-t-il exagération, concernant Oppède, dans la bulle pontificale, ou bien les gens de Raymond attaquèrent-ils de nouveau ce village ? Quoiqu'il en soit, voici ce que nous apprend un document du 21 mai 1397.

Raymond Arnaud, Jacques Garnier, Guillaume Florent et d'autres ayant été arrêtés à Oppède et conduits en otage à Roquemartine, par Jean des Moulins, dit Gratuse, un des

---

[1] *La France et le grand Schisme d'Occident*, t. II, p. 339.

lieutenants de Raymond de Turenne, une convention fut
faite à Cavaillon, par-devant Véran de Brieude, notaire de cette
ville, entre la commune d'Oppède et Philippe Robert, Jean
des Moulins, dit Gratuse, et André-Noë Montrond, qui faisaient partie des bandes de Raymond, au sujet de la marque
que Gratuse prétendait avoir contre Oppède et ses habitants.
Des difficultés s'élevèrent ensuite sur la question du paiement
des 130 florins auxquels avait été évaluée l'indemnité due aux
prisonniers. Ceux-ci, de leur côté, se refusaient au payement
de leur cote-part dans le vingtain ou les vingtains, dont la
commune avait voté l'impôt. Rostaing de Carniol, procureur
de la commune, et Antoine Valréas, procureur des prisonniers, de la volonté et consentement de noble Alfant Daurel,
Elzéar Arnoux, Hugues de Trésémines, Pierre Plumel, Garnier Garnier, Guillaume Florent et Elzéar Fabre, prirent pour
arbitre de ce différend Thomas de la Merlie, archidiacre de
Rodez (et non de Rouen), trésorier du Comtat-Venaissin.
Celui-ci décida que la commune fournirait 110 florins de
l'indemnité due aux prisonniers et que Gratuse et ses compa-
gnons seraient tenus d'acquitter les 20 autres ; mais que,
moyennant ce payement, les prisonniers acquitteraient, comme
les autres habitants, leur part des vingtains imposés. Cet acte
fut passé à Robion « in aula fortalicii dicti loci » en présence
de Fornier Daniel, vicaire du dit lieu, noble Alfant Daurel et
Jean Andras, du dit lieu, par Simon Sal, clerc du diocèse
de Saint-Flour, notaire public, habitant à Robion [1].

Par acte du lendemain (22 mai 1397), passé à Robion « in
fortalicii dicti domini » par Jacques Gilles, notaire à Joucas,
en présence de maître Simon Sal, notaire, Raymond Terrat et
Guillaume Bertrand, de Robion, Thomas de la Merlie, archi-

---

[1] Cart. d'Oppède, n° 18.

diacre de Rodez, souscrivit, au profit de la commune d'Oppède, représentée par Jean des Moulins, dit Gratuse, Étienne
Chabaud et Rostaing de Carnioi, une quittance : 1° de 200 florins ; 2° de 5oo florins ; 3° de 22 florins ; 4° de 15 florins et
enfin de 13o florins, exposés à la poursuite du recouvrement
des précédentes sommes [1].

Cette affaire était à peine réglée qu'une autre surgissait:
Réforciat d'Agoult, chevalier de Rhodes, seigneur de Vergons,
nommé en 1398, par Benoît XIII, capitaine général du Comtat, se saisit des Taillades la même année, ce qui est rapporté,
dit Fornéry [2], dans la sauvegarde que le roi de France accorda
au Comtat le 3o décembre 1398.

Maître de cette localité, Réforciat d'Agoult la fortifia et en
fit son quartier général. De là, il faisait des courses pour sur-
prendre les localités voisines et rançonner leurs habitants, ne
négligeant aucun moyen de remplir ses coffres pour faire sub-
sister ses troupes. Oppède eut à souffrir de ce voisinage, ainsi
qu'en fait foi un acte du 21 novembre 1399 dont voici la substance :

Un poste de gens de guerre, commandé par noble Perrinet
du Four, capitaine de la Rogue d'Anthéron, connétable des
troupes des Taillades, enleva dans une de ses courses Jacques
Uffred d'Oppède et l'emmena prisonnier aux Taillades.

Celui-ci, voyant qu'on torturait les prisonniers, trouva moyen,
une nuit, de s'évader du plus haut point du château où il était
détenu. Il n'avait, disait-il dans sa requête, pas encore convenu
de sa rançon avec celui qui l'avait capturé, et n'avait pas pris
par serment l'engagement de ne pas s'enfuir.

En apprenant cela, Perrinet du Four écrivit aux capitaine
et syndics d'Oppède, une lettre qu'il adressa à François de

---

[1] Cart. d'Oppède, n° 19.
[2] *Mst. n° 547 de la Bibl. de Carpentras*, page 425.

Conzié, archevêque de Narbonne et camérier du Pape, pour réclamer 3o écus d'or pour la rançon du fugitif, menaçant de prendre marque contre Oppède et de se payer au quadruple. Uffred écrivit de son côté pour demander protection, protestant contre l'illégalité de sa capture et contre ses concitoyens qui menaçaient de le livrer à Perrinet s'il ne payait pas. Le camérier commit cette affaire à Thomas de la Merlie, trésorier du Comtat-Venaissin, qui reconnut injuste la capture d'Uffred, mais qui, pour éviter des malheurs, décida qu'il serait payé à du Four 15 écus par Uffred et 15 par la commune, en réservant à celle-ci son recours contre Uffred pour être remboursée. L'acte fut passé à Robion, dans le ravelin du portail, par Simon Sal, notaire de ce village, en présence de noble Jean Botin, Bertrand Raffard et Guillaume Reynardi du dit lieu. Dans cet acte, est insérée la lettre de Perrinet du Four, qui est en français et dont voici la teneur :

« Chier e grant ami, je me recommande a vos et veullies savoir que je me donne grant mervelhe de ce que vous ne maves fait paier les xxx scus de quoy tant de foys vos ay script et saves que je en ay fait coure devant aupeda et ay fait randre la prise, excepté un cheval que je garde touiours pour cuider que vos maportassies mon argent et je vous euse randu le cheval et seray bon coursie que si il my convient coure autrefois, et je neuse pas tant attendu ce ne fut pour ce que meser le senescal men avoit scrit quil me seroit paier pour quoy je vos prie et requier que dedans quatre jours vous me ayes envoye mon argent ou le baylies au bourc de la melee et vous en feres quite ou autrement je vous promet que je feray en maniere que le denier vous coutera quatre et de cy en avant me teniés pour excuse, ce vous ne me fetes reson encontinent, diou soit garde de vous. Scrit au Puy-Sainte-Réparade, le xxiie jour de setembre, de par Perrinet du Four »[1].

---

[1] Cart. d'Oppède, n° 20.

Pour ne pas être foulés davantage par les troupes des Taillades, les gens d'Oppède firent probablement cause commune avec elles. Ceci ressort de deux documents qui nous apprennent que les Oppédois avaient fait des courses sur le territoire de Lauris.

Le premier de ces documents est un traité du 10 mars 1400, entre noble Jean de Cucuron, représentant le seigneur et la dame de Lauris, et noble Gaucelin Botin, représentant la commune d'Oppède, au sujet des dommages causés aux gens et à la commune de Lauris par ceux d'Oppède, pendant et depuis la guerre des Taillades. Il est convenu, par ce traité, que la commune d'Oppède comptera à celle de Lauris, avant Pâques, 55 florins d'or et qu'elle fera transporter à ses frais dans celle-ci sept tonneaux de bon vin. Les gens d'Oppède rendront également à ceux de Lauris tous les bestiaux qui leur ont été pris, ceux qu'ils détiennent encore et tous ceux ainsi pris qui seront trouvés vivants, en quelque lieu que ce soit. L'acte fut passé à Bonnieux par Jacques Ruffi, notaire de cette localité, en présence de noble Imbert Geoffroy et Gilibert, habitants de Bonnieux [1].

Le second de ces documents complète le premier, dans lequel il est question du dédommagement des habitants de Lauris ; c'est une sentence rendue le 9 avril de la même année 1400, par Réginal Pétri, docteur ès-lois, juge de L'Isle, délégué à cet effet par le Recteur du Comtat, contre la commune d'Oppède, dont les habitants avaient fait des courses sur le territoire de Lauris (et non Lagnes, comme le dit par erreur l'*Inventaire*). en faveur du seigneur de Lauris qui avait obtenu à ce sujet une marque contre Oppède. Par cette sentence, le Juge décida : 1° qu'Oppède serait tenu de payer 45 écus d'or au seigneur de

---

Cart. d'Oppède, n° 22.

Lauris ; 2° qu'Alfant Garnier, Guillaume Florent, Pierre Plumel et leurs adhérents qui avaient fait dans ces derniers temps
des courses sur le territoire de Lauris, à l'occasion de la guerre
qui se faisait entre la place des Taillades et le Comtat-Venaissin, payeraient le restant de la marque du dit seigneur, se
montant cinq florins ; 3° que les gens de Lauris, qui, par l'in-
termédiaire des susnommés, avaient recouvré les bestiaux que
ceux des Taillades leur avaient pris, leur en rembourseraient
la valeur, afin de les aider à acquitter la somme mise à leur
charge ; 4° si la commune d'Oppède était obligée, pour se con-
former à cette sentence, d'imposer une taille, elle serait répar-
tie sur tous en proportion des biens possédés par chacun.
L'acte fut passé par Jean Bonicosii, notaire, nous ne savons où,
la fin de la pièce manquant [1].

Reforciat d'Agoult, maître des Taillades, faisait la guerre,
disait-il, pour recouvrer les sommes que lui devait le Saint-
Siège. Il ne laissait passer aucune occasion de rançonner les
localités voisines. Un valet de sa maison ayant été tué par des
gens de Châteauneuf-du-Pape, cette commune, pour s'éviter
des malheurs, transigea avec Reforciat et consentit à lui donner en compensation 200 livres de 20 sols pièce, somme qui lui
fut, en effet, versée le 13 juillet 1399 [2].

Il ne se faisait pas faute non plus de donner asile, dans la for-
teresse des Taillades, aux ennemis du pape de Rome. Ainsi,
Antoine de Luna, qui abandonnait la Rectorie, vint s'y réfu-
gier en quittant Carpentras, en novembre 1398 [3].

Comme on le voit, la place des Taillades incommodait fort
les localités voisines, et cette situation ne pouvait durer, d'au-

---

[1] Cart. d'Oppède, n° 23.
[2] Archives communales de Châteauneuf-Calcernier ou du Pape, AA 1.
[3] Charles COTTIER, ouvrage cité, p. 103.

tant plus que Reforciat d'Agoult ne se ravitaillait que difficile-
ment.

Déjà, il y avait eu des pourparlers entre Reforciat et Benoît XIII ; enfin, une sentence arbitrale du 23 mai 1399, ratifiée
le 26 par les deux frères d'Agoult et le 27 par le Pape, fixa à
6.000 florins l'indemnité qui serait allouée à Reforciat d'Agoult
et qui serait payée, savoir : 5.000 florins par Benoît XIII et
1.000 florins par le Comtat, la ville d'Avignon et le Sacré-
Collège, moyennant quoi la reddition de toutes ses places et
l'évacuation de ses soldats étrangers auraient lieu dans quinze
jours. Benoît s'exécuta sans retard, le Comtat, la ville d'Avignon et le Sacré-Collège s'exécutèrent sans doute aussi, de sorte
que le village d'Oppède, par le départ de Forciat, départ qui
n'eut toutefois pas lieu avant le 13 juillet, se trouva débarrassé
des inconvénients résultant de son voisinage des Taillades [1].

La tranquillité et la sécurité étaient revenues à Oppède, mais
ce ne fut malheureusement pas pour de longues années. Avant
de retracer l'occupation d'Oppède par Rodrigue de Luna, nous
allons faire connaître trois autres documents.

Le 4 août 1402, une enquête fut faite sur le droit qu'avaient
les habitants d'Oppède, et notamment Jean de Flaux, Guillaume Isnard, Alfant Garnier, Guillaume Botin et consorts, de
faire rouir leurs chanvres dans toute la longueur du fossé des
Crozes, droit contesté par différents particuliers qui prétendaient
que ce fossé devait être réservé pour l'abreuvage des bœufs et
vaches.

Par sa sentence du 8 août 1402 (et non 8 mars 1403), Réginal Pétri, juge de L'Isle, décida que la commune serait main-
tenue dans la possession de ce fossé et dans le droit d'y faire
rouir le chanvre. Le 11 du même mois, noble Alfant Daurel,

---

[1] Noël Valois, ouvrage cité, t. III, pages 217-218.

vice-bayle de la cour d'Oppède, donna connaissance aux inté-
ressés de la décision du Juge. L'acte fut passé à Oppède, sur la
place publique, par Jacques Gilles, notaire de Joucas [1].

Le 20 juin 1404, Aimon Dalhc, vice-recteur du Comtat, rendit une sentence arbitrale sur une contestation survenue entre
la commune d'Oppède et l'abbé de la Chaise-Dieu, comme seigneur de la Tour de Sabran, lequel, contrairement aux statuts
d'Oppède, y avait envoyé paître des bestiaux dont les habitants
s'étaient emparés et qu'ils n'avaient voulu rendre, malgré l'ordre que le recteur, Antoine de Luna, leur en avait donné par sa
lettre du 28 mai 1404. Il fut décidé que Jean de Gardelle, bayle
d'Oppède, ferait rendre les cinq moutons, l'ânesse et l'ânon
saisis par Rostaing de Carniol, ancien bayle, et ses justiciables
à Guigue Marssati, prieur de Saint-Palais (Sancti Paladii), diocèse de Bourges, procureur de la Chaise-Dieu pour le domaine
de la bastide de Sabran, et que celui-ci paierait les frais et s'abs-
tiendrait à l'avenir d'envoyer paître sur le territoire d'Oppède
des brebis ou autres animaux. L'acte fut passé à Carpentras
« in plano rectoriatus », par Jean Aulanheri, clerc du diocèse de
Viviers, notaire à Carpentras, en présence de Jean Barthélemi,
aussi notaire à Carpentras, Guillaume de Prunis, de Mor-
moiron, et noble Antoine Burgondion, de L'Isle, châtelain
d'Oppède et procureur de Rostaing de Carniol [2].

Le 7 février 1408, par devant Étienne Chabaud, vice-bayle
de la cour d'Oppède, Rostaing de Carniol et Pierre et Guillaume Ayceline se désistèrent de l'instance qu'ils avaient intro-
duite contre la commune d'Oppède pour la possession d'un
hermas servant de pâturage et de passage pour le bétail qu'on
allait abreuver à la fontaine de Codolozan et confrontant le

---

[1] Cart. d'Oppède, n° 24.
[2] Ibid., n° 25.

fossé et le chemin de Saint-Antoine et le chemin qui, de Cavaillon, Robion et Maubec, s'en va à Ménerbes. L'acte fut passé sur la place publique d'Oppède par Jacques Gilles, notaire de Joucas, en présence de Rostaing Chabert, de Faucon, diocèse de Gap, Arnaud Petit, de Sainte-Jalle, même diocèse, et Bertrand Catalan [1].

IV. — Occupation d'Oppède par Rodrigue de Luna.

Il y avait à peine dix ans que, Reforciat d'Agoult ayant évacué les Taillades, la tranquillité était revenue à Oppède, quand de nouveaux malheurs fondirent sur ce village.

« Lorsque le pape Benoît XIII étoit parti pour Savone, il avoit ordonné à Rodrigue de Luna, son neveu, de s'assurer de la ville d'Avignon, en fortifiant le Palais et les autres postes propres à lui conserver la ville. Il lui avoit associé un excellent homme de guerre, Bernard de Sos, vicomte d'Evoli. Les commandants ayant encore introduit à Avignon de nouveaux renforts catalans, ils furent en état d'occuper le Palais avec les deux autres forts qui étoient sur la roche des Doms, la tour qui est à la tête du pont, le petit Palais et l'église cathédrale [2].

« Rodrigue de Luna, en introduisant une forte garnison dans le palais d'Avignon, s'étoit saisi en même temps du château d'Oppède (1409), qui étoit alors regardé comme une des plus fortes places de la province, il y avoit laissé une forte garnison de Catalans, disent les actes de ce temps-là. Son dessein étoit, avec ces troupes, de faire contribuer tout le Comtat et, par leur moyen, favoriser le passage de nouvelles troupes qu'il attendoit de Catalogne.

---

[1] Cart. d'Oppède, n° 26.
[2] Fornéry, mst. 547 de la Bibl. de Carpentras, page 547.

« Pour mettre à couvert le Comtat-Venaissin des courses de
cette garnison, Jean de Poitiers, Recteur du Comtat, en vertu
des ordres qu'il avoit reçus du cardinal légat, disposa toute
chose pour bloquer Oppède, et pour disputer le passage aux
nouvelles troupes que les ennemis attendoient, il fit des levées
de soldats aux dépens du pays et forma bientôt un corps con-
sidérable, tant d'infanterie que de cavalerie, qui fut posté si
avantageusement que l'ennemi n'osa pas l'attaquer ni pénétrer
dans le Comtat comme il faisoit auparavant. Ses soins s'étendirent aussi sur les autres places exposées ; par son ordre du
13 octobre 1410, il commit à noble François du Barroux la
garde du Barroux, Saint-Jean et Saint-Pierre de Vassols, le
cloître de Modêne, de la bourgade du Barroux, de l'hospice du
Groseau, de Serres et de Travaillan.

« Les châteaux de la judicature de Valréas furent confiés à
la garde de Jacques Gay, Pierre Delphini et d'Albert Abellari :
c'étoient les châteaux de Boson, d'Asta (?), de Pierrelatte, de Richerenches, de Bolboton, de Boisset, de Sainte-Cécile, de Saint-
Pantaléon et de Saint-Roman de Malegarde.

« Et celles de la judicature de L'Isle, où sont nommées Cabrières, Vaucluse, la Bastie (bastide ou Tour de Salsan), et Ménerbes, furent confiées à la garde de noble Antoine Burgondion
et de Raimondon de Paceas. Cet ordre est adressé à Astoaudus
Astoaudi, conseigneur de Mazan, qui y est qualifié de « no-
bilis et potens vir » et de « domicellus »[1].

Les sages précautions prises par Jean de Poitiers ne furent
pas inutiles ; la garnison d'Oppède continua bien à faire quelques courses, mais elle ne put recevoir des secours.

« Je ne parle pas, dit M. Noël Valois[2], d'une petite troupe

---

[1] Fornéry, mst. 547 de la Bibl. de Carpentras, pages 549-550.
[2] Ouvrage cité, t. IV, page 166.

de vingt à vingt-cinq cavaliers, conduite par les seigneurs Étienne de Bacin et Guichard de la Tour qui s'en vint de Savoie, au mois d'avril 1411, pour tâcher de porter secours aux Espagnols de la garnison d'Oppède. Ils furent faits prisonniers à Caromb (Vaucluse), par Eudes de Villars, et emmenés à Carpentras, d'où ils ne s'évadèrent qu'au bout de quatorze mois, dans la nuit du 10 juin 1412 ».

Cependant, les frontières du Comtat n'étaient point tranquilles. « Du côté du Dauphiné, on craignoit toujours une invasion des troupes du capitaine d'Entremonts et autres associés. Il falloit entretenir à grands frais des garnisons dans tous les châteaux et autres places sur la frontière ; mais les principaux officiers des troupes du Comtat ayant représenté au vicaire du Pape que les troupes qu'on avoit mises dans quelques-uns de ces lieux n'y étoient point en sûreté, comme à Richerenches, à Saint-Pantaléon et à Bolboton, on démolit ces lieux après en avoir retiré les garnisons, dont on renforça celles des autres places ; du côté de la Provence on démolit Cabrières et la garnison se mit à renforcer les autres postes et surtout les bords du Rhône pour en défendre le passage aux troupes des capitaines Sallemone et d'Entremonts, et comme, malgré le blocus d'Oppède, la garnison ne laissait pas que de faire des courses, le gouverneur (du Palais?), au commencement de 1411, ayant proposé une trêve, elle fut acceptée pour le repos des lieux circonvoisins » [1].

Pendant cette trêve, le roi de France intervint et il y eut des conférences de part et d'autre, en vue de la conclusion d'un traité. « Enfin, ce fut par l'entremise de Pierre d'Acigné, sénéchal de Provence, et de Philippe de Poitiers qui avoit amené du secours aux Avignonnais, que le traité fut conclu le 30 sep-

---

[1] **Bornéry**, mst. 2770 d'Avignon, pages 697-698.

tembre de l'an 1411, entre François de Conzié, archevêque de Narbonne, camérier du pape Jean XXIII et son vicaire général en cet État ; Jean de Poitiers, évêque et comte de Valence et de Die, recteur du Comtat-Venaissin, et Constantin de Pergula, secrétaire du Pape. Du côté des assiégés, parurent Bernard de Sos, vicomte d'Évoli, et Rodrigue de Luna. Par le premier article, il fut stipulé que les assiégés pourroient envoyer trois personnes, avec chacune un valet, pour aller en Catalogne informer Benoît XIII de l'état du Palais et du château d'Oppède et pour demander du secours. Il fut accordé que si dans cinquante jours, il n'arrivait aux assiégés un secours suffisant pour faire lever le siège, ils seroient tenus de rendre le Palais avec tous les autres postes aussi bien que le château d'Oppède, et de vuider entièrement cet État, leur étant permis d'emporter armes et bagages.

« Plus que durant ces cinquante jours, il y auroit trêve entre les assiégés et les Avignonnais et entre la garnison d'Oppède et les gens du Comtat, durant laquelle il seroit fourni en payant aux ennemis des vivres et médicaments tous les deux jours »[1].

Tels sont les principaux articles de ce traité que l'on peut voir dans Fantoni, t. I, page 298, et dont plusieurs étaient relatifs à Oppède.

Ce traité fut fidèlement exécuté de part et d'autre. La garnison d'Oppède, n'ayant pu être secourue, se décida à capituler. « Le 22 novembre 1411, les gens de Benoît XIII évacuèrent le Palais des Papes et le château d'Oppède ; les uns retournèrent dans leur pays avec un sauf-conduit du Roi ; les autres s'engagèrent au service du duc Louis d'Anjou[2].

---

[1] FORNÉRY, mst. 2770 d'Avignon, page 699.

[2] Noël VALOIS, ouvrage cité. t. IV, page 170. Dans la note 4 de la même page, cet auteur dit : « J'ai relevé plusieurs paiements faits par Benoît XIII,

En évacuant Oppède, les gens d'armes de Benoît XIII dévastèrent et ruinèrent le château, qui fut ensuite remis en état par les soins de Guillaume de Baux et de Jean de Cadard, comme on le verra plus loin.

Après la reddition d'Oppède par Rodrigue de Luna et ses Catalans, l'histoire de cette localité perdant beaucoup de son intérêt, nous allons raconter brièvement les faits qui s'y sont passés jusqu'à l'extinction du Schisme d'Occident (1449), ou plutôt jusqu'à l'inféodation aux Meynier, en 1501.

De 1412 à 1436, la commune d'Oppède soutint un procès contre les coseigneurs de Maubec qui prétendaient avoir le droit de faire paître sur son territoire leurs bêtes bovines et ovines. Le procès, engagé en 1412 devant la cour d'Oppède, fut perdu par les coseigneurs de Maubec. Guy de Pestello, chevalier, seigneur de Baransac, l'un d'eux, se pourvut en appel devant la cour de la rectorie du Comtat-Venaissin, en 1414. La procédure, suspendue en 1416, fut reprise en 1418, puis en 1433 et enfin en 1436. Les intérêts de la commune furent d'abord confiés à Pons Chapelli et plus tard à Pierre Valrii, ceux des co-seigneurs de Maubec à Jean Mostérii et, plus tard, à Bertrand Botini. Étienne et Jean de Bompuy, père et fils, de Maubec, ayant succédé aux droits de Guy de Pestello, poursuivirent l'affaire en dernier lieu. Jean de Chalmeti, procureur fiscal du Comtat-Venaissin, défendait les intérêts de la Chambre apostolique et déposa des conclusions favorables aux intérêts de la commune. Il produisit à leur appui : 1° une sentence arbitrale des 1er, 4, 8, 9 et 15 avril 1315, de laquelle il ressortait que la commune d'Oppède était en possession du droit de ban

---

durant les mois suivants, aux défenseurs d'Oppède ou du château des Papes (Arch. du Vat reg. Aven. LXII, fol. 287 r°, 290 v°, 308 v°, 319 r°, 320 v°, 321 r°, 356 v°). Je signalerai particulièrement un don gracieux de 4.000 florins d'or qu'il fit, le 4 mars 1412, au vicomte d'Évoli (Ibid., fol. 88 v°) ».

et que quelques-uns des coseigneurs de Maubec avaient seulement droit d'envoyer paître leurs bêtes à laine sur le territoire d'Oppède ; 2° la charte du châtelain d'Emposte, du 29 décembre 1360 ; 3° l'enquête du 21 mars 1370, de laquelle il ressortait que la commune avait obtenu une sentence favorable contre le chapitre Saint-Didier d'Avignon, alors coseigneur de Maubec, et dont les droits avaient été transmis successivement à Pestello et à Bompuy. Le commencement du registre [1] manquant, on ne peut savoir quelle solution définitive eut cette affaire. Toutefois, comme les documents produits par le procureur fiscal étaient favorables à la commune d'Oppède. il est très probable qu'elle obtint gain de cause [2].

Le 2 février 1420, le parlement général des chefs de famille d'Oppède, réuni sous la porte du lieu, sous la présidence de Siffrein Uffred, vice-bayle, donna procuration à Jacques Uffred et Pierre Chabaud, pour souscrire, moyennant 742 florins d'or, la vente passée par la commune à Jacquemin Tullia, marchand d'Avignon, de la dîme des blés, raisins et autres produits du territoire d'Oppède, à percevoir pendant six années. Cette aliénation eut lieu pour acquitter la cotisation imposée à la commune dans la répartition des dettes du pays, savoir : 300 florins d'or à Guillaume Barthélemy, marchand d'Avignon, et 242 florins 8 gros à divers. L'acte fut passé par Jean Scanti, notaire à Bonnieux [3].

Le 5 juin 1420, Jacques Uffred et Pierre Chabaud souscrivirent, au nom de la commune, une obligation de 6 salmées d'avoine, au profit de Pierre Alphant, licencié aux droits, de

---

[1] Archives communales d'Oppède, FF 1, petit in-folio de 158 feuillets, dont plusieurs en blanc.

[2] Nous avons analysé ci-devant les pièces des 29 décembre 1360 et 21 mars 1370.

[3] Cart. d'Oppède, n° 27.

L'Isle. L'acte fut passé à L'Isle par Jean Prépositi, notaire de cette ville [1].

Le 31 mars 1433, le parlement général d'Oppède, réuni par devant Jean Vallerii, capitaine et bayle d'Oppède, donna procuration à Siffrein Uffred et à Monet Plumel, d'Oppède, pour gérer et défendre les intérêts de la commune. L'acte fut passé sous le portail d'Oppède et reçu par Antoine Milo, notaire de cette localité [2].

Le 16 juin 1436, le parlement général, réuni sous le grand portail d'Oppède par devant le bayle Jean des Moulins, donna procuration à Monet Catalan et à Antoine Trésémines pour représenter la commune dans toutes les affaires qu'elle avait et celles qu'elle pouvait avoir. L'acte fut reçu par Antoine Milo, en présence de Jean Valléry, vicaire perpétuel d'Oppède, et Raymond Étienne [3].

Le 14 septembre 1439, le parlement général, réuni par un mandement de noble Jean de Cadard, seigneur de Beauvezet, capitaine d'Oppède, donna procuration générale à Jean Étienne et à Jean Morinas, dit Médicis. L'acte fut passé dans le château d'Oppède par Antoine Milo, notaire de village, en présence de Mathieu de Villebrame, châtelain d'Oppède, et de Nicolas Joubert [4].

Le 26 octobre 1444, Antoine Trésémines et Elzéar Féraud, agissant comme syndics et procureurs d'Oppède, vendirent à Pélegrin de Bunellis, marchand et citoyen de Carpentras, 26 quintaux de laine bonne et marchande, pour le prix de 32 florins, payé comptant. L'acte fut passé à Carpentras par Pierre Valendi, notaire de cette ville [5].

---

[1] Cart. d'Oppède, n° 28.
[2] Ibid., n° 30.
[3] Ibid., n° 31.
[4] Ibid., n° 32.
[5] Ibid, n° 33.

Le 16 mai 1453, Jean Bouier de Maubec vendit à la commune d'Oppède, pour le prix de 4 florins d'or, une cave et un cellier contigus, situés sous les murs d'Oppède, joignant le logis de Monet Pomard et au-dessus du grenier d'Étienne Grivolat et de la chambre de la Charité. L'acte fut passé sur la place publique d'Oppède par Barthélemi Raymond, notaire de Robion, en présence de Mathieu de Villebrame, capitaine d'Oppède, et Guillaume Gilles, Jean de Flaux et Jacques Athenoux, du même lieu. Le 28 janvier de l'année suivante, la commune fut investie de cette cave et de ce cellier par la Chambre apostolique [1].

Par acte passé à Oppède sur la place publique par le même notaire, en présence de plusieurs témoins, entr'autres de noble Geoffroy Botin, le 10 décembre 1459, la commune d'Oppède, représentée par ses syndics Jean Morinat, dit Médicis, et Juillan Gilles, fit un échange de maison de l'hôpital d'Oppède avec Hugues de Trésémines [2].

Le 23 décembre 1473, il fut passé une transaction entre Jacques Perrin, clerc du diocèse de Bourges, vicaire perpétuel de l'église paroissiale d'Oppède dédiée à la bienheureuse Vierge Marie, et la commune d'Oppède représentée par Elzéar Cuniculi, un des syndics, Gaspard de Carniol et Guillaume Ager, sur la dîme de tous les fruits du territoire et la part que devait prendre le vicaire perpétuel à l'entretien et réparation des ornements de l'église. L'acte fut passé à Oppède, dans l'église même, derrière le grand autel, par Mathurin Peyron, notaire d'Oppède, en présence de Michel Chambon, Pierre Bonoceti et Simon de Brina, prêtres habitant le lieu d'Oppède [3].

---

[1] Cart. d'Oppède, n° 34.
[2] Papiers de la Charité, parchemin non numéroté.
[3] Archives communales d'Oppède, GG 24.

Le 11 mars 1476, la commune transigea avec Pascal Garnier des Taillades au sujet des bornes qui devaient séparer les hermas communaux d'avec les terres et vignes du dit Garnier du côté de la combe de Caveirane et de la fontaine des Fermiers. L'acte fut passé à Oppède, sur le terrain contesté, par Mathurin Peyron, notaire à Oppède, en présence de Jean Redortier, bachelier aux lois, juge de la cour majeure de L'Isle, Jean Costin et Jean Parent [1].

Le 24 mai 1483, la commune constitua au profit de noble Thomas Busoffi, bourgeois d'Avignon, une pension de 10 florins pour son capital de 100 florins. Cet acte fut reçu par Boniface de Blengeriis, notaire à Avignon. Le capital fut remboursé le 28 mai 1486 [2].

V. — **Les institutions.**

Administration municipale — D'après les comptes conservés à Paris aux Archives nationales [3] et reproduits dans l'Histoire générale de Languedoc [4], Oppède formait au milieu du xiiie siècle un des bailliages du Comtat-Venaissin, bailliage qui, de 1257 à 1258, produisit au comte Alfonse 70 livres tournois.

A la même époque, Oppède avait aussi un châtelain et nous trouvons en mai 1269 l'ordre donné par Alfonse de Poitiers à son châtelain d'Oppède d'aller faire ferrer ses chevaux à Avignon ou à Tarascon [5].

Sous le gouvernement du Saint-Siège, le lieutenant des papes,

---

[1] Cart. d'Oppède, n° 36.

[2] Ibid., n° 37.

[3] J. 357, n° 61, comptes de l'année 1257.

[4] Edition Privat, tome VIII, p. 1487.

[5] Correspond. administ. d'Alfonse de Poitiers, publiée par Aug. MOLINIER, n° 1743.

chef de toute l'administration d'Oppède, porta le titre de capitaine châtelain et bayle [1].

● Mais ce fonctionnaire pouvait nommer lui-même un châtelain pour la garde du château et un bayle pour présider l'administration municipale et rendre la justice ; il gardait pour lui le contrôle de toute l'administration et rendait la justice quand il ne se nommait point de bayle ou qu'il s'agissait de causes importantes. Représentant du Pape, il était chargé de la conservation et de la défense des droits et des intérêts du Saint-Siège et assurait, en outre, le maintien de l'ordre et de la sécurité dans la commune.

Lorsque quelque intérêt communal était en jeu, le bayle donnait l'ordre au sergent de la cour, qui était en même temps crieur public, de convoquer le parlement des habitants du lieu. Il était, nous l'avons vu, lieutenant du capitaine-châtelain et pouvait nommer lui-même un lieutenant ou vice-bayle pour le remplacer en cas d'empêchement.

Faute de documents plus anciens, ce n'est qu'en 1274, lors de la délimitation entre Ménerbes et Oppède, que nous voyons le parlement de cette dernière localité apparaître pour la première fois.

Le parlement général qui devait se composer, comme plus tard, de tous les chefs de famille, n'avait pas de lieu fixe pour ses réunions : il s'assemblait tantôt sous la grande porte du lieu, tantôt sous l'orme, tantôt dans le château, tantôt ailleurs. Il décidait lui-même sur les questions qui lui étaient soumises et nommait, s'il y avait lieu, des syndics, acteurs ou procureurs. Pour que les décisions prises par le parlement fussent valables, il fallait que les réunions se composassent au moins des deux tiers de ceux qui avaient le droit d'y assister.

---

[1] Ce fonctionnaire recevait de la Chambre apostolique un salaire annuel de 100 flor., dont 80 pour lui et 20 pour ses lieutenants.

Lorsqu'il y avait à faire une transaction ou un compromis, à opérer une délimitation de territoire ou un bornage de terrains, à intenter ou à défendre un procès, à soutenir enfin une cause quelconque où l'intérêt de la commune était en jeu, le parlement général élisait deux et quelquefois plusieurs syndics, acteurs ou procureurs.

Les syndics, acteurs ou procureurs, ainsi nommés pour une cause quelconque, étaient investis de tous les pouvoirs nécessaires pour mener à bien cette cause, et ces pouvoirs finissaient avec la cause elle-même, c'est-à-dire que, la cause finie, leurs fonctions cessaient.

Plus tard, les attributions des syndics devinrent plus stables et s'étendirent à tout ce qui intéressait la commune, et, vers le milieu du xve siècle, leurs fonctions devinrent annuelles. Ce furent alors les syndics, au nombre de deux, qui faisaient convoquer le parlement général lorsqu'il y avait lieu de le réunir.

Parfois aussi les syndics ou procureurs s'adjoignaient d'autres personnes pouvant les aider dans leur tâche. Les personnes ainsi choisies par les syndics ou procureurs prenaient le titre de conseillers. C'est ainsi que, dans l'acte du 4 des nones de décembre 1289, nobles Raymond Rainoardi et Alfant Boniface, chevaliers, Pierre Raimbaud et Pierre Raimond « bonos viros » figurent comme conseillers choisis par les deux syndics ou procureurs.

Nous n'avons pas trouvé trace de trésorier municipal pendant l'époque dont nous nous occupons; cependant, il devait y en avoir un pour percevoir les recettes et payer les dépenses. Or, comme dans ces temps reculés les pouvoirs n'étaient pas encore nettement séparés, le clavaire ou trésorier de la cour papale d'abord, les syndics ensuite durent remplir cette fonction.

Nous avons fait connaître quelques procureurs au cours de nôtre récit. Voici les noms de quelques autres :

1314. Bertrand de Ginhac et Guillaume Uffred.

1356. Pierre Framaud, Michel Capus et Jacques Vassol.

1356. Bertrand Garnier, Guillaume Garnier, Antoine Hugues et Pierre Framaud.

1359. Pierre Chabaud, Pons Plumel et Hugues Aldebert.

1360. Guillaume de Ginhac et Raymond Uffred.

1374. Guillaume Garnier, Hugues Raymond et Hugues de Trésémines.

1399. Rostaing de Carniol et Étienne Chabaud.

Administration judiciaire. — Nous avons vu que le capitaine châtelain et bayle, lieutenant des Papes, était le chef de l'administration du pays et spécialement de la justice. Il était assisté dans ses fonctions judiciaires par un clavaire, un substitut fiscal et un sergent ordinaire. Lorsque, au lieu de rendre la justice lui-même, il la faisait rendre par le bayle, celui-ci était assisté des mêmes fonctionnaires. Cet état de choses dura jusqu'à l'inféodation à Accurse de Maynier, en 1501.

Quant au clavaire ou trésorier, il percevait les amendes infligées par la cour et avait la garde des clefs du coffre où l'on enfermait leur produit. Nous n'en connaissons qu'un seul, Marc de Calma, qui paraît dans l'acte de 1339.

Voici la liste de quelques capitaines :

1420. Guillaume de Baux.

1425. Jean de Cadard.

1433. Jean Vallerii.

1436. Jean de Cadard.

1453. Mathieu de Villebrame.

1460. Pierre de Cadard.

1479. Louis de Vassadel.

Voici les noms de quelques bayles :

1274. Raimond de Saumane.
1302. Alfant Radel.
1397. Siffrein Uffred.
1404. Rostaing de Carniol.
1404. Jean de Gardelle.
1436. Jean des Moulins.

Voici les noms de quelques vice-bayles :

1403. Noble Alfant Daurel.
1408. Étienne Chabaud.
1420. Siffrein Uffred.

Les causes jugées par la cour papale d'Oppède pouvaient être portées en appel devant la cour majeure de l'Isle, de celle-ci au vice-légat à Avignon, et du vice-légat à Rome.

Administration militaire. — Le châtelain avait la garde du château et devait veiller à sa sûreté et à sa défense. C'était lui qui commandait la garnison entretenue dans le château même et les postes placés aux portes du village, postes dont celui du portail de Valette, d'après la charte de Jean-Ferdinand de Hérédia, châtelain d'Emposte, devait être de six hommes. Le châtelain était donc ce que l'on appellera plus tard un gouverneur militaire.

Nous avons vu que, dès 1269, il y avait un châtelain à Oppède. Au début de la domination pontificale, il y en eut un aussi, mais nous ne voyons pas que le château fût gardé par des hommes d'armes ; probablement, comme le conjecture Fornéry, les habitants du pays en faisaient la garde à tour de rôle.

Nous voyons que, plus tard, en 1360, en vertu de la charte du châtelain d'Emposte, le portail de Valette doit être muré, gardé à l'intérieur par six hommes en temps de guerre, et que tous les hommes d'Oppède, tant roturiers que nobles et gens d'église, doivent contribuer à la garde du lieu. Nous avons vu aussi que les nobles d'Oppède qui avaient voulu s'affranchir de cette obligation, furent condamnés, en vertu du jugement du 9 mars 1383 rendu par Guillaume de Cornac, vicaire général de Bernard de la Salle, à concourir, comme les autres habitants, à la garde des portes, brèches et murs d'Oppède.

Le château d'Oppède existait déjà en 1209, mais nous ne savons, faute de documents, à quelle époque il avait été construit. Lorsque Rodrigue de Luna s'en empara en 1409, il dut sans doute augmenter ses défenses. En évacuant le château, en 1411, Rodrigue de Luna et ses Catalans le dévastèrent. Guillaume de Baux, nommé capitaine châtelain par Martin V en 1420, dépensa, pour y faire les premières réparations, 874 florins d'or (environ 10.800 francs) qui lui furent remboursés par son successeur, Jean de Cadard, nommé en 1425. Celui-ci continua les réparations et y dépensa encore 2.800 florins (environ 35.000 francs). Ces dépenses furent constatées par un procès-verbal d'expertise, dressé, le 26 novembre 1460, à la demande de Pierre de Cadard, seigneur du Thor, fils et héritier de feu Jean de Cadard, et les sommes dépensées furent remboursées par le Saint-Siège au dit Pierre de Cadard [1].

Pendant l'occupation d'Oppède par les Catalans, il y eut une forte garnison au château. A partir de cette époque et jusqu'à la Révolution, il y eut toujours un gouverneur et une garnison, comme nous le prouvent plusieurs documents des archives communales.

Voici les noms de quelques châtelains pendant l'époque qui nous occupe :

1274. Jean Tribolati.

---

[1] Bibl. d'Avignon, mst 2879, folio 65. Ce folio est composé de quatre feuilles de parchemin cousues bout à bout.

1274. Frère Augier (ou Eugène) avec frère Foulques Rostaing pour compagnon.

1302. Bertrand de Barras.

1324. Noble Raymond de Suxiis.

1332. Guillaume Delienaris.

1356. Alfant Botin, damoiseau.

1364. Noble Alfant Daurel.

1383. Noble Mathieu d'Abelhard.

1404. Antoine Burgondion.

1409. Rodrigue de Luna.

1439. Mathieu de Villebrame.

Voici les noms de deux vice-châtelains :

1328. Arnaud de Saint-Privat.

1370. Bertrand Guillaume.

Administration religieuse. — Pendant la période dont nous nous occupons, Oppède était, au point de vue religieux, une paroisse du diocèse de Cavaillon. Cette paroisse, dont l'église devait être, plus tard, au milieu du xvi⁰ siècle, érigée en collégiale, était alors un prieuré administré par un vicaire perpétue ou prieur « priore seu vicarii », lisons-nous dans le document de 1289. Ce prieur ou curé, vu l'importance de la paroisse, devait avoir un ou deux vicaires amovibles ou secondaires.

L'église paroissiale, sous le titre de Notre-Dame, existait déjà en 1235, mais nous ne savons ni quand ni par qui elle avait été édifiée, Massillian [1], Fornéry [2] et Expilly [3] ne donnant pas la

---

[1] Bibl. d'Avignon, mst 2385, folio 136.

[2] Bibl. de Carpentras, msts n⁰ˢ 549-550.

[3] *Dictionnaire géographique, historique et politique des Gaules et de la France,* article Oppède ; — Manuscrit du même auteur sur Avignon et le Comtat-Venaissin, à la Bibl. d'Avignon.

date de sa construction. Au commencement du xvi° siècle, plus exactement en 1511, cette église est désignée sous le nom de Notre-Dame de Dolidon « beate Marie de Dolidonis ». Nous avouons ne savoir nullement d'où vient ce nom de Dolidon maladroitement transformé en d'Alydon.

Cette église fut restaurée en 1547. De nouvelles réparations furent faites en 1815, et en 1869, elle fut mise en l'état où elle se trouve aujourd'hui.

Voici la liste des prieurs dont nous avons pu trouver les noms pour la période antérieure à 1501 :

1274. Pierre Raymond.
1339. Jacques Giraud.
1390. Pierre Siger.
1436. Jean Vallery.
1473. Jacques Perrin.

Outre l'église paroissiale, il y avait de nombreuses chapelles rurales dans le territoire. Le polyptyque du Venaissin au livre rouge du comte de Toulouse, dressé en 1253, fait mention, article Oppède, de celles de Sainte-Cécile, Saint-Sébastien, Saint-Martin, Saint-Cassien, Saint-Antonin et Saint-Jean. Cette dernière est signalée dans un acte du 2 juillet 1340 [1] et celle de Sainte-Cécile figure dans des actes des 1er avril 1315, 26 avril 1348, 28 janvier et 3 novembre 1390. Celle de Saint-Laurent appartenait jadis au prieur de Saint-Étienne de Ménerbes et figure dans deux actes, l'un du 28 août 1487 et l'autre du 13 octobre 1500.

A ces sept chapelles, il faut ajouter celle de Saint-Joseph (à côté de la mairie, reconstruite et agrandie en 1757), celle de l'Hôpital et celle des Pénitents blancs. De ces dix chapelles, il

---

[1] Cart. d'Oppède, n° 9.

ne subsiste plus, aujourd'hui, que celles de Saint-Antonin, de Saint-Laurent, de l'Hôpital et des Pénitents blancs [1].

Dans la période dont nous retraçons l'histoire, il y avait deux cimetières à Oppède, celui de l'église paroissiale et celui de la chapelle de Sainte-Cécile. En effet, dans le testament de Raymonde, épouse de Marc de Calvia, notaire à Oppède, du 22 mai 1347, on lit : « Et eligo in sepulturam corpori meo in ecclesie beate Marie de Oppida in tumulo seu monimentum suum meorum ». Dans celui de Jean Barbier, du 26 avril 1348, on lit : « Et eligo sepulturam corpori meo in cimenterio ecclesie sancte Cecilie dicti loci in tumulo sive sepulturis domini patris mei ».

Institutions charitables. — L'Hôpital existait déjà au milieu du xiiiᵉ siècle ; il en est plusieurs fois question dans le Livre rouge, article Oppède. En suite d'un échange conclu le 10 décembre 1459 entre la commune et Hugues de Trésémines, l'Hôpital d'Oppède fut changé de place. Enfin, en 1776, il fut encore déplacé et installé dans l'immeuble qu'il occupe encore aujourd'hui.

Quant à l'œuvre de la Charité, elle n'est guère moins ancienne que l'hôpital, ainsi que le prouve un vieil inventaire de ses archives. Cet inventaire, dressé en 1778, signale 28 documents sur parchemin, auxquels il faut en ajouter 2 qui, pour un motif quelconque, ne furent pas inventoriés. De ces 30 documents, dont le plus ancien était de 1329, 13 seulement existent encore aujourd'hui et vont du 22 mai 1347 au 28 août 1553 ; ce sont les numéros 2, 3, 11, 13, 14, 15, 16, 24, 25, 26, 28 et ceux des 10 décembre 1459 et 17 septembre 1548.

La Charité, qui était alors pour les pauvres ce qu'est

---

[1] La confrérie des Pénitents blancs est abolie depuis plus de 50 ans. »

aujourd'hui pour eux le bureau de bienfaisance, possédait déjà des propriétés assez considérables en 1329, et, à partir de cette date, elle reçut de nombreux legs, tant jusqu'à la fin du xiv° siècle que dans le courant du xv° et des suivants. Elle était administrée par un bayle et 2 ou 3 recteurs, dont les fonctions étaient annuelles.

Furent recteurs de la Charité :

 1387. Hugues de Trésémines, Jean Étienne et Monet Vassol.

 1390. Noble Alfant Daurel et Pierre Plumel.

Fut bayle :

 1399. Guillaume Uffred.

Autres institutions : Institutions financières. — Les seules ressources de la commune étaient ses forêts et ses pâturages. Lorsqu'elles étaient insuffisantes, ce qui arrivait souvent, on établissait le souquet (impôt sur le vin), la rêve (impôt sur la viande) et le capage sur les bestiaux. Lorsque les dépenses à faire étaient trop considérables pour que ces ressources pussent suffire, on votait l'imposition, soit d'un quarantin, soit d'un vingtain, soit d'un dizain. C'est ainsi qu'il fut voté la levée d'un quarantain en 1390, d'un vingtain en 1397, d'un autre vingtain en 1399 et d'un dizain en 1420.

Le notariat. — Le notariat existait à Oppède aux xiv° et xv° siècle. Voici la liste des notaires d'Oppède dont nous avons trouvé les noms pendant la période dont nous nous occupons :

 1347. Marc de Calvia.

 1356. Bertrand Guillaume.

 1413. Jacques Gilles, clerc de Joucas (diocèse d'Apt).

 1433. Antoine Milo, clerc de Pontvellin (diocèse de Belley).

1473. Mathurin Peyron.
1499. Léonard Peyron.

Institutions scolaires. — Il y avait des écoles dans diverses communes du Comtat, dès le milieu du xiv° siècle. Les délibérations et les comptes d'Oppède ne remontant pas à l'époque du grand Schisme d'Occident, nous ne saurions dire, faute de document, si les écoles que nous voyons fonctionner en 1580 dans cette localité existaient pendant la période dont nous nous sommes occupés.

Institutions joyeuses. — Dans chaque localité du Comtat, il y avait, avant la Révolution, les chefs des plaisirs qui dirigeaient les danses et autres divertissements de la jeunesse lors des fêtes publiques. Les chefs des plaisirs portaient des noms divers variant avec les localités : abbés de la jeunesse, abbés de Malgouvert, abbés de Bongouvert, abbés de la Basoche, princes d'amour, rois des bouviers, roi des vignerons, rois des arbalétriers, rois des arquebusiers. Nous ne saurions dire non plus, faute de documents plus anciens, si la compagnie des arbalétriers et celle des arquebusiers, que nous voyons fonctionner à Oppède en 1549 et même en 1536, existaient pendant la période dont nous venons de retracer l'histoire.

VI. — **Appendice.**

Toponymie. — Le polyptique du Venaissin, dressé en 1253, renferme, article Oppède, de nombreux noms de lieux-dits, dont beaucoup portent encore les mêmes désignations dans le cadastre actuel. Nous citons tous ces quartiers en mettant entre parenthèse, à côté des noms anciens, les noms donnés par le cadastre actuel :

Marquier, Acha, Gaviac, Furnis, Putheum novum, Crucem, retro Castellum, Thorale (Tourail), Causalonem (le Caulon), Geneirac (Geneiras), Combrès (Combrès), Prata, Briquna (Brécugne), Alrico, Sainte-Cécilie (Sainte-Cécile), Fontainillas (Fontanille), Tombarel (Tombereau), Casanovam (Caseneuve), Fontem Hugonis, Codalet (Coudouret), Fontem coopertum (Font couverte), Poaracam, Tailhadas, Boisson redon, Agastum, valle Berme, Saussum, Périssol (Pérussol), Barail (Barrail), Cantaperdrix (Canteperdrix), Conquas (les Conques), Malpertus (Malpertuis), Condamina (la Condamine), Jaubert, S^tum Cassianum (Saint-Cassien), Garrigam (la Garrigue), Fontem Corium, Ripam fractam (Ribefache), S^tum Martinum (Saint-Martin), Auream Vacam, Périer de Casauc, S^tum Sébastianum (Saint-Sébastien), Rascassac, Chabergam, valle de Fors, Corrososa (Courroussoude), Podio rotundo (Pierredon), Fontem pratum, Fontem de Auriolo, Vaicarolus, Rigaut (Rigouau), S^tum Antoninum (Saint-Antonin), Carnave (Carnavet), Podio Guererio, Boisseriam (les Bouisserettes), Chaberta, Olivarium, S^tum Johannem (Saint-Jean).

Les anciennes familles. — Plus de 150 familles différentes habitèrent Oppède pendant les xiiie, xive et xve siècles. Les principales de ces familles étaient celles de : de Boniface, de Botin, d'Aurafrigida, de Flaux, de Guigon, de Bompuy, d'Aurel, de la Roque, Framaud, Valréas, Plumel, Catalan, Silvestre, Gavaudan, Garnier, Pélissier, Gautier, Joubert, Corregati, Morinati, Hugon, Guillaume, Trésémines, Florencii, Bonnet.

De toutes ces nombreuses et anciennes familles, seules celles de : Pélissier, Silvestre, Garnier, Molinas, Deflaux, Bonnet, Bompuy, Gévaudan résident encore dans la commune.

Toutes les autres familles habitant aujourd'hui Oppède sont relativement nouvelles, et les plus anciennes d'entre elles, comme les Bruneau et les Piquet, ne remontent pas au-delà du commencement du xvi⁰ siècle.

Biographie. — Outre Wanthelme d'Oppède, dont nous avons déjà parlé, nous devons citer encore, comme ayant vécu pendant l'époque dont nous nous occupons :

Pierre Garin qui fut témoin, à Cavaillon, avec d'autres personnages de marque, à l'acte du 3 juin 1265, par lequel Raymond Boslygon, juge du Venaissin, fit une délimitation entre Cavaillon et L'Isle [1].

Raymond d'Oppède qui fut évêque de Sisteron, de 1310 à 1326.

Bertrand Guillaume, notaire à Oppède, qui passa les actes de 1356, 136o, 1364 et 1374 et fut vice-châtelain d'Oppède en 1370. Par son testament du 7 juin 1387, il fonda une chapellenie dans l'église d'Oppède.

Noble Alfant Daurel qui fut capitaine d'Oppède en 1364, vice-bayle en 1403 et fit donation d'une chambre et d'une vigne à la Charité d'Oppède, par acte du 17 novembre 1398. Il appartenait à la famille d'Aurel qui existe encore aujourd'hui.

Population. — En 1269, lors de la levée d'un fouage dans le Venaissin, Oppède fut taxé 38o livres pour 168 feux [2]. En comptant en moyenne 4 personnes et demie par feu, la population de cette localité aurait été alors de 756 personnes environ. En 1274, lors de la désemparation du Comtat en faveur du Saint-Siège, 209 personnes prêtèrent serment de fidélité. En comptant deux fois et demie autant de femmes et d'enfants

---

[1] Archives communales de Cavaillon, DD 1, n° 1.
[2] BOUTARIC, *Saint Louis et Alfonse de Poitiers*, page 311.

que d'hommes, la population d'Oppède aurait été alors d'environ 731 habitants. Vers la fin du XIII⁰ siècle, Oppède devait donc avoir de 7 à 800 âmes.

En terminant ce Mémoire, nous nous faisons un plaisir et un devoir de remercier publiquement M. Bruneau, maire d'Oppède, et M. Piquet, secrétaire de la Mairie, qui nous ont facilité notre tâche : le premier, en nous permettant de puiser dans les archives de la Mairie les matériaux de notre travail ; le second, en nous aidant à identifier les noms de lieux.

Lucien Gap.

Valence, Imprimerie Valentinoise, 8-07.

www.ingramcontent.com/pod-product-compliance
Ingram Content Group UK Ltd.
Pitfield, Milton Keynes, MK11 3LW, UK
UKHW020045100726
13658UKWH00004B/1550